国家电网
STATE GRID

U0643419

95598知识库经典话术集
——通用分册

主　编　何海零
副主编　梁竞之　何学东

中国电力出版社
CHINA ELECTRIC POWER PRESS

内 容 提 要

95598知识库系列丛书包含《95598知识库应用指导手册》《95598知识库经典话术集——通用分册》《95598知识库经典话术集——费控分册》《95598知识库经典话术集——现场服务分册》和《95598知识库经典话术集——运检分册》5个分册，本套丛书是基于国家电网95598知识库管理系统下，国网湖南电力将整体知识库知识导入SG186系统，结合95598知识库管理系统和SG186系统与实际案例特色编写的培训、应用教材。

《95598知识库应用指导手册》以动漫的形式展现知识内容，运用实际案例诠释知识库在前端诉求辨析、后期申述支撑和市（州）公司根据客户诉求主动征集知识三个方面的支撑作用。《95598知识库经典话术集》4个分册充分结合实景案例，将"高大上"的知识点转换成"接地气"的场景话术，开放式地引导沟通，使话术更具有操作性和实用性。

本套丛书可广泛应用于湖南公司营销、生产各级服务人员，亦可作为培训教材进行学习、实践，同时，对系统内其他网省公司一线基层员工解决工作疑难问题也不失为有益的参考用书。

图书在版编目（CIP）数据

95598知识库经典话术集. 通用分册 / 何海零主编. —北京：中国电力出版社，2018.4
ISBN 978-7-5198-1908-8

Ⅰ. ①9… Ⅱ. ①何… Ⅲ. ①电力工业－销售服务－中国 Ⅳ. ① F426.61

中国版本图书馆CIP数据核字（2018）第064300号

出版发行：中国电力出版社
地　　址：北京市东城区北京站西街19号（邮政编码100005）
网　　址：http://www.cepp.sgcc.com.cn
责任编辑：邓慧都（010-63412636）
责任校对：朱丽芳
装帧设计：张俊霞
责任印制：邹树群

印　　刷：北京瑞禾彩色印刷有限公司
版　　次：2018年4月第一版
印　　次：2018年4月北京第一次印刷
开　　本：880毫米×1230毫米　32开本
印　　张：0.75
字　　数：16千字
印　　数：0001—8000册
定　　价：11.00元

前　言

　　95598 知识库系列丛书包含 5 个分册，分别为《95598 知识库应用指导手册》《95598 知识库经典话术集——通用分册》《95598 知识库经典话术集——费控分册》《95598 知识库经典话术集——现场服务分册》《95598 知识库经典话术集——运检分册》。本套丛书是基于国家电网 95598 知识库管理系统下，国网湖南电力将整体知识库知识导入 SG186 系统，结合 95598 知识库管理系统和 SG186 系统与实际案例特色编写的培训、应用教材。

　　《95598 知识库应用指导手册》以动漫的形式展现知识内容，带领大家使用知识库宝藏图探寻知识库蕴藏的内容。运用实际案例诠释知识库在前端诉求辨析、后期申诉支撑和市（州）公司根据客户诉求主动征集知识三个方面的支撑作用。

　　《95598 知识库经典话术集》4 个分册针对客户常见诉求，将专业术语解析成客户可以理解、通俗易懂的服务语言，解答客户的诉求。在编写过程中，充分结合实景案例，将"高大上"的知识点转换成"接地气"的场景话术，开放式的沟通引导，使话术集更具有操作性和实用性，不仅贴近客户心理，更能有效提升服务效果。

　　本套丛书能有效指导湖南公司各市（州）公司如何使用知识库及运用知识库支撑营销、运检、基建等各项电力业务，以更强的实用性全力支撑解决客户诉求。可广泛应用于湖南公司营销、生产各级服务人员，亦可作为培训教材进行学习、实践，同时，对系统内其他网省公司一线基层员工解决工作疑难问题也不失为有益的参考用书。

编　者

2018 年 3 月

目录

前言

一、变更用电常见问题应答

二、咨询交费类常见问题应答

三、窃电相关问题应答

四、非国家电网供电客户来电咨询常见问题应答

五、其他

一、变更用电常见问题应答

1 在营业厅办理了新装、增容业务，但长时间未处理？

【指导步骤】
1 解释办电的时限要求；
2 询问客户营业厅是否正常受理；
3 判断客户办电是否超时。

话　术：您好，请您具体描述在营业厅办理时的场景。

情况 1：营业厅未正式受理。

若客户仅是到营业厅询问或将资料交给其他人员，表示未正式受理：建议客户携带相关资料到营业厅办理或通过掌上电力 APP 申请。

话　术：您好，根据您的描述，营业厅还未正式受理您的诉求，建议您携带相关资料到营业厅办理或通过掌上电力 APP 申请新装、增容用电。

情况 2：营业厅已正式受理。

话　术：您好，请问您反映长时间未处理问题，是在什么情况下产生的呢？例如交纳业扩费用后，您等待了较长时间？／请问您等待了多久？

如果 环节未超时限。

话　术：您好，等待给您带来的不良感受，我们能够理解，根据国家规定，这个环节并未超出时限要求，如您的用电需求比较急切，建议主动与当地供电公司联系，反映您的实际情况，给您带来的不便敬请谅解！

如果环节超时限。

话　术: 您好，给您带来的不便敬请谅解，我们马上联系相关工作人员，请您保持电话畅通。

我是话术案例的分割线哦！

2 办理用电业务，遇产权人户名与系统户名不一致时，为何要先办理更名过户手续？

【指导步骤】
向客户详细解释原因。

话　术: 您好，若产权人户名与系统中户名不一致，就无法与您建立合法有效的供用电关系，无法保障您的正当权益。比如您要开具电费发票，发票名与实际名不一致，会给财务管理带来隐患、风险等。

我是话术案例的分割线哦！

3 客户询问销户如何办理？

【指导步骤】

1 解释销户的意思；

2 咨询客户销户的原因。

话　术：您好，您想通过销户解决房产、电费纠纷的想法我能理解，在这里，需要告知您销户的影响，请您耐心倾听。销户需要户主本人或亲自委托的经办人代为办理，工作人员受理销户业务需要户主结清电费账务，用电表计将会在现场拆除，如果您以后还需要用电，将按新装用电办理，需要交纳新装用电产生的费用。另外，如受理销户流程后，因客户原因未能实施现场拆表销户，销户业务暂缓，待客户协调好后再行销户。／请问您还要办理销户手续吗？

若客户执意办理销户手续。

话　术：您可以携带相关资料到营业厅办理。

若客户不需要办理销户手续。

话　术：感谢您的理解！

若客户不愿告知原因。

话　术：常规情况下，结清电费后您可带齐资料到营业厅办理。

我是话术案例的分割线哦！

4 连续 6 个月不用电发现被销户，如何处理？

【指导步骤】

1️⃣ 解释被销户的原因；

2️⃣ 在系统中查询是否被销户。

在系统中查询，客户是否已经销户。

若客户在系统中未销户。

话 术: 您好，经查询，您没有在供电公司办理销户，您确认是供电公司工作人员拆除的？如果还有什么疑问，我们将安排工作人员与您联系，请您保持电话通畅，感谢您的来电！

若客户在系统中已销户。

话 术: 您好，根据《供电营业规则》第三十三条规定，用户连续 6 个月不用电，也不申请办理暂停用电手续者，供电企业须以销户终止其用电，用户需再用电时，按新装用电办理。给您带来的不便敬请谅解！

我是话术案例的分割线哦！

二、咨询交费类常见问题应答

5 因自身原因通过智能交费方式多交电费，能否将多交电费退还？

【指导步骤】
解释无法退还可作为之后的电费冲抵。

话　术：您好，由于您自身的原因多交电费，供电公司一般不予退还，原则上只有在销户并结清费用后才可退还余额，您多交的电费将预留到下月冲抵电费，谢谢您的理解与支持！

········· 我是话术案例的分割线哦！ ·········

6 电费预交给供电公司无利息，在银行有利息，你们是否赔利息？

【指导步骤】
解释虽没有利息，但可保证供电的连续性。

话　术：您好，在您的账户中预存电费是为了保证您的供电连续性，为了避免您因电费余额不足导致供电中止，建议您在系统中预存一定金额的电费。

········· 我是话术案例的分割线哦！ ·········

7 "一户一表"改造是否收取费用？

【指导步骤】
解释居民"一户一表"改造时不收取任何
改造费用，若改造时涉及的其他业务可至
营业厅办理。

话　术：您好，属于居民用户"一户一表"改造工程范
围的，供电公司不会收取您任何改造费用。若
您改造时涉及移表、分户等超出改造范围的业
务时，需要您到当地供电营业厅办理相关业务。

我是话术案例的分割线哦！

8 每月交费时间不一致，工作人员态度不好，经常扬言"不交电费就断电"，请解释？

【指导步骤】
1 判断客户是否属于转供户；
2 安抚客户情绪。

话　术：您好，根据您的描述，您目前不是供电公司的

直接供电客户（直供户），您和供电公司之间并无直接供用电合同关系。很抱歉我们无法为您解决。您可以向跟您收取电费和电气管理的单位或个人协商处理。

注：对于非直接供电客户，由于其计量装置并非供电公司资产，客服专员不应指导客户去查看电能表的度数，因为此举会给客户造成误解，误以为属供电公司责任。

.... 我是话术案例的分割线哦！...............

9 通过手机客户端交费成功后，电力营销系统未销账，是何原因？

[指导步骤]
1 详细告知客户未销账的原因；
2 判断客户是否交错账户。

话 术：非常抱歉给您带来的不便，请问您的客户编号是？[在 SG186 知识库模块中核实客户的交费时间、交费记录。排除客户因自身原因交错电费，具体

内容详见:《居民客户电费错缴至其他户号（湖
南）》《非居民客户电费错缴至其他户号（湖
南）》。]

排除以上情况后。

若交费时间是当日，电费未实时销账。

话　术：您好，可能是数据传送或网络原因导致电费未
实时到账，非常抱歉给您带来不便，建议您次
日再查询。

若交费时间超过 24 小时，电费未实时销账。

话　术：很抱歉给您带来不便，我们将此情况反馈给相
关部门进一步核实处理，请您保持电话畅通，
稍后会有工作人员与您联系。

········· 我是话术案例的分割线哦！ ·········

三、窃电相关问题应答

10 存在窃电行为，首次受理应如何处理？

【指导步骤】
咨询现场情况，判断线路的归属：

1. 供电公司产权线路被窃电；
2. 客户产权线路被窃电；
3. 无法判断产权归属。

若属于供电公司产权线路被窃电。

话　术： 您好，我们会派电力检查人员来现场处理，感谢您的反映。

若属于客户产权线路被窃电。

话　术： 十分抱歉，由于供电公司是企业单位，没有行政执法权，建议您可先与物业联系，或找有资质的电工到现场帮您查看。如确为您的资产线路被窃电，可向公安机关报案。若公安机关民警致电需供电公司提供协助，供电公司可配合公安机关提供辅助技术支持。

若无法确认窃电线路的产权归属。

话　术： 我们马上派电力检查人员来现场处理，感谢您的反映。

我是话术案例的分割线哦！

11　存在窃电行为，非首次受理应如何处理？

【指导步骤】

1. 判断客户是否已经反应过此问题，供电公司是否已经回复；
2. 如已回复，安抚客户的情绪，再次告知实际情况。

话　术：十分抱歉，由于供电公司是企业单位，没有执法权，建议您可先与物业联系，或找有资质的电工到现场帮您查看。如确为您的资产线路被窃电，可向公安机关报案。若公安机关民警致电需供电公司提供协助，供电公司可配合公安机关提供辅助技术支持。

·············· 我是话术案例的分割线哦！··············

12　有人在表箱内私拉乱接，应如何处理？

【指导步骤】

咨询客户私拉乱接是在表前还是表后：

1. 若在表前，保留现状，工作人员前去处理；
2. 若在表后，向公安部门报警处理。

话 术: 您好，请问表箱内私拉乱接的接线是在电能表前，还是在电能表开关之后呢？

若在电能表前。

话 术: 您好，请保留现状，我们会派电力检查人员来现场处理，因违约用电或窃电造成供电公司供电设施损坏的，供电公司将依法追究责任者的赔偿责任。

若在电能表后。

话 术: 您好，建议保留现状，并向公安机关110报警处理，这种情况按"窃取他人的私人财产行为论处"，因违约用电或窃电导致个人财产、人身安全受到侵害的，受害人有权要求违约用电或窃电者停止侵害，赔偿损失。供电企业可协助进行责任分析。

············· 我是话术案例的分割线哦！ ·············

四、非国家电网供电客户来电咨询常见问题应答

13 转供客户电源仍来自国家电网，对于转供后收取高电价情况，供电公司为什么不管？

【指导步骤】
1 解释原因；
2 安抚客户情绪。

话 术：您好，首先，供电公司作为企业单位，会严格按照政府物价部门的定价收取电费。但您的供用电合同关系，是您与电力转供方建立与签订的，因此建议您与供电方协商处理此事。这已经超出了供电公司监管能力范围，给您带来的不便请谅解！

.... 我是话术案例的分割线哦！ ....

14 转供客户反映转供电压不稳，经常停电，是否可以申请成为直供客户？

【指导步骤】
▼① 解释原因；
▼② 如客户坚持可前往营业厅咨询。

话 术：您好，一般来说，针对居民区（家属生活区）要求申请直供电的情况，供电公司均是在条件符合的情况下进行"一户一表"改造，但由于牵涉到众多的历史遗留问题，需要您的供电单位与供电公司协商解决，一般不接受单户的申请。

如客户仍坚持想申请直供电。

话　术：感谢您对供电公司的信任和认可，如果您仍要求申请直供电，可到当地的供电营业厅咨询，给您带来的不便请谅解。

······················ 我是话术案例的分割线哦！ ··················

15 商住楼故障停电几天，现要求住房户交一笔费用才恢复供电，此费用是什么项目，符合供电收费标准吗？

【指导步骤】

▼**1** 解释原因，安抚客户情绪；

▼**2** 如客户坚持可安排工作人员到现场解释。

话　术：您好，您提出的这个费用不是供电公司收取的费用，初步判断可能是以下原因：

由于专用变压器（或线路）发生电力故障，其相关维修费用原则上是由专用变压器的产权单位承担，由于您不是供电公司的直供客户，产权单位或许会将该费用分摊给非直接供电客户承担。给您带来的不便，敬请谅解！

若该客户坚持反映。

话　术：如您仍有疑问，我们将安排当地工作人员向您详细解释，请您保持电话畅通。

我是话术案例的分割线哦！

五、其他

16 住宅内有多户混住（或租住），有多个户口簿，可以申请单独立户装表吗？

【指导步骤】
1 解释一户一表的界定；
2 根据客户实际情况进行解释。

若客户能够明确表示是多个租户租用一个住宅，且该住宅已有计量表计。

话 术：您好，根据国家政策规定，一个房产证明对应的居民住宅为一"户"，一"户"可以单独立"户"装表，由于您的住宅是多户租用一个住宅，且该住宅已立户，租户不能申请单独立户装表，给您带来不便敬请谅解。

若客户属农村或城郊私人建房、无房产证或共用房产证的居民住宅。

话 术：您好，您需向当地供电公司提出核查申请，供电公司会尽快组织现场核查，并提出审核意见，经审批确认为可分表计量的用户，各单位按照计划进行"一户一表"改造，"一户一表"改造完成前暂按合表用户处理。合表用户实行抄表到户，分表改造后按户执行居民阶梯电价，不再对总表执行合表用户电价政策。

······· 我是话术案例的分割线哦！

17 客户反映住处附近的变电站或变压器因噪声扰民或辐射影响身体健康，如何答复？

【指导步骤】
咨询客户如何判断变电站或变压器的产权归属：
▼❶ 无法判断产权归属；
▼❷ 确定供电公司产权。

话 术：首先，非常感谢您对我公司的关心和支持！请问我能向您核实一下，您确认住处附近的变电站或变压器属我公司吗？

若客户回复：
不清楚！我咋知道是不是你们的。

—— 15 ——

话　术：您好，非常感谢您向我公司反映这个情况，公司会尽快安排人员到现场进行核实，谢谢！

遇现场核实客户反映的变电站或变压器不属于国家电网公司资产后，客户再次反映噪声扰民。

话　术：您好，我公司的工作人员通过现场核实，确认您住处附近的变电站或变压器不属于我公司，请您向当地环保部门投诉，谢谢！

遇现场核实客户反映的变电站或变压器属于国家电网公司资产，客户再次反映噪声扰民。

话　术：您好，我公司的工作人员通过现场核实，确认您住处附近的变电站或变压器属于我公司，我们将尽快安排技术人员进行调查测试。谢谢！

若客户回复：确认！有你们国家电网的标志。

话　术：您好，公司会尽快安排技术人员到现场进行调查核实。希望您能积极配合公司技术人员的现场工作！

若通过现场调查测试证实噪声达标，客户再次反映噪声扰民。

话　术：您好，您上次反映的情况，我公司高度关注。公司已安排技术人员进行了调查测试，测试结果表明您住处附近的变电站或变压器满足国家相关标准，请您谅解！若您还有异议，可向当地环保部门反映，或提起法律诉讼。

若现场调查测试确实存在超标现象，客户再次来电反映噪声扰民。

话　术：您好，您上次反映的情况，我公司正在整改。因设备定货、停电等原因影响整改进度，给您的生活带来了不便，请您谅解！

⋯⋯⋯⋯ 我是话术案例结束分割线哦 ！